ORGANISATION DU TRAVAIL.

Imprimerie HENNUYER et Cᵉ, rue Lemercier, 24.
Batignolles.

ORGANISATION
DU TRAVAIL

LETTRE

A MESSIEURS LES MEMBRES DU GOUVERNEMENT PROVISOIRE.

PAR ARISTIDE BÉRARD,

INGÉNIEUR.

... ent des ouvriers sans travail.

PARIS

LIBRAIRIE DE GUILLAUMIN ET Cᵉ,
RUE RICHELIEU, 14.

1848

ORGANISATION DU TRAVAIL.

LETTRE

A MESSIEURS LES MEMBRES
DU GOUVERNEMENT PROVISOIRE.

Messieurs ,

De toutes les questions sociales agitées dans ces temps modernes, la plus grave dans ses conséquences, la plus difficile dans son application et la plus équitable en principe, est sans aucun doute celle de l'organisation du travail.

Il est temps que justice soit rendue à ceux qui contribuent le plus puissamment à la richesse nationale, et qu'ils aient leur part de toutes les jouissances qu'ils ont jusqu'ici procurées exclusivement aux autres. Tant de révolutions opérées au nom du peuple et par le peuple doivent aujourd'hui tourner à son profit. La Providence réservait sans doute à la République française la gloire immortelle de réparer les torts accumulés par tant de siècles de servitude et d'oppression.

Mais au milieu des difficultés sans nombre qui vous entourent, des mille préoccupations qui vous assiégent, comment trouverez-vous le calme et le recueillement indispensables à la solution d'un aussi grand problème? Cette pensée m'a donné la force de sortir un instant de l'obscurité, en prenant la liberté de vous apporter le faible tribut de mon expérience sur une question qui a fait l'objet des méditations de toute ma vie, et dans laquelle j'ai été souvent assez heureux de pouvoir réaliser en pratique ce que la raison et mon cœur m'avaient inspirés.

Pour arriver à une solution pratique de toutes les difficultés à résoudre, il est indispensable de bien poser la question.

Dans toute création industrielle, deux éléments principaux concourent à la production, savoir : le capital qui est une représentation d'un travail antérieur, et le travail actif appliqué directement à l'objet de la production.

Ces deux termes principaux de notre équation industrielle peuvent être subdivisés chacun en deux autres ; ainsi, le capital comprend : le capital mort représenté par la valeur du matériel, de l'outillage, des bâtiments, des usines, etc., et le capital actif ou fonds de roulement employé comme avance de production, en attendant la réalisation des produits en valeurs commerciales.

Le travail actif embrasse le travail manuel qui exécute, et le travail intellectuel qui conçoit et centralise toutes les forces vives de l'opération.

Etablir entre tous ces éléments, concourant à la production, la répartition la plus équitable des avantages qu'elle peut procurer, tel est, en principe, le problème à résoudre.

Dans l'état actuel de notre organisation sociale et industrielle, le capital exerce une omnipotence absolue : il impose ses conditions au travail, qui est presque toujours obligé de les accepter sans résistance sérieuse, forcé par la nécessité de vivre. Le capital peut attendre, ou trouver dans les placements en rentes ou hypothèques un moyen sûr de fructification, sans peine ni chances par trop défavorables. Le travailleur, placé dans la situation la plus précaire, vivant au jour le jour, ne peut attendre un seul instant sans compromettre son existence ; il doit forcément accepter toutes les conditions qui lui sont faites.

Evidemment ici l'équilibre est rompu : l'égalité réelle entre les membres concourant à la production a cessé d'exister.

D'un état de choses aussi injuste naît forcément un antagonisme de tous les instants. Le travailleur, réduit à un véritable esclavage, travaille le moins qu'il peut sous l'œil même du maître. Celui-ci cherche au contraire à retirer de ses machines humaines la plus grande somme de travail, avec le moins de dépense possible.

Ces tiraillements en sens inverse sont désastreux dans leurs conséquences. Faire concourir toutes les forces actives vers un même but, serait le complément obligé de la grande question qui est si vivement agitée.

Nous devons admettre comme point de départ, que la situation actuelle du travailleur doit être améliorée. Comment, et dans quelle limite ? C'est ce que nous aurons à rechercher.

Le moyen le plus simple qui se présente tout d'abord, est d'augmenter le prix du travail manuel et de réduire, indistinctement pour toutes les industries, la durée de la journée.

Examinons attentivement ce qui adviendra d'une telle mesure prise ainsi dans les tempéraments convenables.

L'industrie, telle qu'elle est , avec les vices nombreux de son organisation actuelle, est en général dans une situation moins prospère qu'on le croit. Les crises qui l'affectent périodiquement en sont une preuve assez évidente. Augmenter le prix des produits, sans augmenter la production et la consommation, n'est point une amélioration : c'est tout simplement diminuer les sources de la fortune publique. Or, le moyen ci-dessus aurait certainement pour effet d'accroître le prix de revient des produits par l'augmentation de la main-d'œuvre, et de diminuer la production par la réduction dans la durée du travail.

On concevrait, si l'Etat était lui-même producteur, et que le cours des produits fût forcé, qu'une telle mesure eût un effet immédiat et certain. Mais, avec des consommateurs libres d'acheter ou de ne pas acheter, la demande diminuera en raison de l'augmentation de la valeur du produit ; et c'est justement l'opposé qu'il faudrait obtenir. Ainsi, en supposant même l'isolement de la famille française, on ne pourrait espérer de faire payer au consommateur l'augmentation de valeur donnée au produit par l'accroissement du prix de la main-d'œuvre.

Mais si, au lieu d'une fiction d'isolement de la France, on prend les faits tels qu'ils sont dans les rapports internationaux, on voit qu'un accroissement de la valeur ou du prix de revient de nos produits nous conduirait forcément, par l'impossibilité de lutter avec nos rivaux en industrie, à supprimer toute espèce d'échange, et nous amènerait bientôt à une misère affreuse en tarissant les sources du travail.

Quant à la mesure en elle-même de la réduction uniforme pour toutes les industries de la durée du travail, est-elle juste et équitable en principe? Evidemment non.

Tous les travaux industriels n'absorbent pas une égale dépense de forces physiques dans un même temps. On conçoit que dans certaines spécialités, telles que les forges, par exemple, dix heures de travail bien employées suffisent amplement à absorber les forces humaines, et l'expérience confirme, en effet, qu'un excédant de durée n'augmente pas sensiblement la production.

Dans l'industrie des tissages, au contraire, les forces physiques sont à peine exercées, et la dépense s'en fait très-lentement. Est-il juste de mettre sur la même ligne ces deux industries, sans tenir aucun compte des conditions qui les régissent? De plus, les aptitudes de forces d'un ouvrier à l'autre sont différentes : les ranger tous sous le même niveau n'est pas plus admissible. Ceci est tellement évident qu'il suffit de l'indiquer.

Ainsi donc, la solution que nous cherchons ne peut exister dans les mesures prises isolément de l'augmentation du prix de la main-d'œuvre et de la réduction dans la durée du travail. Le but à atteindre serait, au contraire, celui-ci :

Augmenter la production en réduisant le prix de revient, et partant, développer la consommation ! c'est-à-dire exactement l'opposé des tendances vers lesquelles on marche. Comment y arriverons-nous ? C'est ce qu'il convient d'examiner très-attentivement.

Un principe proclamé depuis longtemps en économie industrielle, repris par Fourier et ses adhérents, consiste à grouper en un faisceau des forces aujourd'hui divergentes par l'antagonisme des intérêts, en appelant tous les éléments qui concourent à la production à une répartition des bénéfices, dans des proportions encore peu déterminées entre le capital, le travail matériel et le travail intellectuel ou le talent. Ce principe, d'une justesse incontestable en théorie, offre dans l'application des difficultés trop peu étudiées par les uns et exagérées par d'autres.

On a dit : Si on admet l'ouvrier au partage des bénéfices ou des chances favorables de l'opération, il est de toute justice qu'il supporte aussi les chances défavorables ou les pertes qui frappent trop souvent l'industrie. Or, comment lui faire payer sa part des pertes, à lui qui gagne à peine de quoi vivre ? Comment établira-t-on le bénéfice ou la perte pour chaque ouvrier dans un grand nombre d'opérations qui ne se réalisent, ou ne se liquident qu'après plusieurs années ? Comment régler le bénéfice ou la perte dans des travaux d'une durée temporaire, qui ne pourront être utilisés que beaucoup plus tard et par un personnel tout différent? Ainsi, on conçoit qu'il soit assez facile, dans un chemin de fer en exploitation, de régler, chaque année, le bénéfice ou la perte entre les capitaux employés et tout le personnel ; mais, pour les ouvriers et agents qui ont concuru à la construction de ce chemin, comment aura-t-on réglé leur participation?

Il en serait de même pour les travaux de canaux, de desséchement, et même pour tous les travaux publics ne donnant pas lieu à un produit immédiatement réalisable.

Ces difficultés sont graves, sans doute, sans être pourtant insolubles. Il est nécessaire de revenir ici sur les principes qui régissent l'économie industrielle, et d'établir quelques classifications.

Nous admettons que dans le plus grand nombre des opérations industrielles, le capital proprement dit peut se diviser en capital mort, représentant la valeur des usines, du matériel, etc., et le capital actif, ou fonds de roulement.

Pour établir dans une période donnée la situation ou le bilan de l'entreprise, et déterminer les bénéfices ou les pertes réalisées, on doit affecter une valeur estimative au capital mort. L'intérêt de cette somme, à laquelle on ajoute encore un amortissement pour la dépréciation, viennent grever les bénéfices de l'opération. On conçoit que si l'estimation est exagérée et l'amortissement perpétuellement maintenu, il soit facile d'absorber et faire disparaître constamment les bénéfices : on peut même, dans l'inventaire, représenter des pertes, lorsqu'il devrait y avoir réellement des avantages.

Quant au capital actif ou fonds de roulement employé, l'intérêt doit également être compté. Il semblerait qu'en raison du peu de chances que court ce capital, presque toujours réalisable dans une assez courte durée, on devrait admettre simplement l'intérêt au taux légal du commerce; mais qu'arrive-t-il de fait la plupart du temps ? c'est que par l'absence chez nous de bonnes institutions de crédit, les opérations de banque, consistant en renouvellements, commission, escompte, recouvrements, etc., portent le taux de l'intérêt à 12 et 15 pour cent ! Une véritable usure pèse ainsi sur l'industrie. Comment dès lors pouvoir compter sur des bénéfices absorbés d'avance par le taux usuraire du fonds de roulement ?

On voit par là que la détermination du bénéfice ou de la perte dans une opération industrielle n'est point un fait absolu, mais bien relatif, suivant l'estimation donnée au capital mort, et les conditions faites au capital actif; et que, de la manière de présenter le bilan ou l'inventaire d'une opération, il est presque toujours loisible de faire augmenter ou diminuer à volonté les bénéfices de l'entreprise, et de faire même tourner en perte des bénéfices réels.

Nous avons fait jusqu'ici abstraction de l'influence du travail matériel et intellectuel sur le résultat des opérations industrielles : elle est cependant immense et souvent décisive. Nous devons, pour le moment, la supposer s'exerçant dans les meilleures conditions. Nous aurons bientôt à rechercher comment on peut atteindre ce but.

Jusqu'à ce jour, le capital mort ou le propriétaire d'une usine a dicté arbitrairement ses conditions au travail, et subi à son tour, le plus souvent, les conditions du capital actif bailleur de fonds, si, ce qui est assez rare, le propriétaire n'était pas à la fois l'un et l'autre.

Voilà donc, d'une part, le capital mort qui tend sans cesse à retirer de son *outil industriel* le plus grand revenu possible, sans tenir aucun compte de sa valeur réelle ou intrinsèque, et, d'autre part, le capital actif qui pressure le capital mort et le travail jusqu'à la dernière limite.

Cette double situation est injuste et fatale ! c'est ce que nous allons démontrer.

Notre industrie en France est dans une époque de transition : nous avons presque partout à abandonner les vieilles méthodes pour nous mettre au courant des découvertes modernes. Le manque de capitaux et d'institutions de crédit a retardé chez nous ce mouvement de transformation ou de renouvellement. Il en est résulté que d'anciennes usines établies dans de fausses conditions premières d'alimentation, mal agencées, et plus mal outillées encore, continuent cependant à fonctionner dans des conditions onéreuses de production. Les propriétaires, habitués à donner à leurs établissements une valeur considérable, ne veulent pas suivre le mouvement qui les emporte ; ils ne peuvent se résigner à admettre la dépréciation énorme qu'a subie leur propriété. Alors, pour continuer la lutte, ils ne trouvent aucun moyen plus simple que de réduire le prix du travail. Or, comme ils sont maîtres, qu'aucune force ne contrebalance leur volonté, le travailleur est presque toujours obligé de subir les conditions qui lui sont imposées.

Est-il juste que dans l'association du capital

et du travail, le premier puisse imposer sans restriction ses conditions au second? Est-il juste que le capital mort puisse s'attribuer telle valeur que bon lui semble? N'est-il pas évident que si l'outil industriel est devenu défectueux, c'est au propriétaire à supporter les conséquences de la dépréciation ?

Ces exagérations d'estimation du capital mort créent d'ailleurs, pour tous, un danger qu'on ne doit point se dissimuler : elles nuisent au progrès, en retardant la liquidation d'un passé fâcheux, dont il faudrait se débarrasser le plus tôt qu'on pourra. Ainsi, en admettant parité absolue dans les autres conditions de production, il arrivera souvent qu'une usine, par les vices inhérents à sa situation, au lieu de valoir comme estimation d'apport 500,000 fr., ne devra être fixée qu'au chiffre de 100,000 fr. Quelquefois même il sera reconnu avantageux de l'abandonner entièrement si, l'estimation étant réduite à zéro, le prix de la main-d'œuvre devait subir une réduction sur les établissements similaires.

Le capital actif, par l'absence de bonnes institutions de crédit, grève la production de frais considérables qu'il serait important de réduire à la dernière limite ; car les dépenses de cette nature sont, en grande partie, des parasites de la production.

On conçoit en effet que le capital actif ou fonds de roulement, étant toujours représenté par les matières en approvisionnement, les produits en cours de fabrication, et les produits ouvrés mais non vendus, n'ait que peu de chances à courir. Il n'aurait donc droit qu'à l'intérêt légal, augmenté d'une légère prime d'assurance proportionnelle aux risques ; mais par le fait de notre organisation, il prélève le plus souvent, non-seulement l'intérêt légal et cette prime, mais encore des frais de banque ruineux, escompte, commission, renouvellement, et de plus, comme associé, une part très-considérable des bénéfices. Comment alors, avec de tels frais rongeurs, notre industrie pourrait-elle se soutenir et lutter avec les concurrences étrangères !

Cependant, dira-t-on, le capital actif est libre, et, pouvant se déplacer très-facilement, vous ne parviendrez à l'attirer vers l'industrie que par l'appât d'un gain considérable ! A cela la réponse est facile.

Les capitaux prennent assez difficilement la voie de l'industrie, parce qu'elle présente trop de dangers. Ces dangers sont une conséquence de notre mauvaise organisation : qu'on parvienne à les faire disparaître à peu près complétement, et l'on verra bientôt les capitaux affluer vers l'industrie. Ils prendront d'autant plus facilement cette direction qu'ils trouveront plus difficilement ailleurs un placement lucratif et commode ; car enfin les capitaux aussi ne peuvent attendre indéfiniment et sont bien forcés, après un temps plus ou moins long, de chercher à fructifier, sous peine de se voir dévorer eux-mêmes.

La réduction de la rente serait donc une première mesure indispensable pour obtenir le résultat indiqué ; le cours normal de l'intérêt de l'argent se trouverait par cela forcément réduit.

Mais cette mesure prise isolément serait insuffisante. Nous avons vu qu'outre l'intérêt du fonds de roulement, le capital actif grevait l'industrie de tous les frais énormes des opérations de banque. Ici nous voilà arrivés au point de contact de la question de l'organisation du travail et de celle du crédit ou de la réforme de notre organisation financière, questions qui se relient si intimement qu'elles sont inséparables.

Or, en admettant une reconstitution telle de notre industrie, que toutes les branches similaires se trouvent sensiblement dans dès conditions égales ; que des garanties de prospérité soient assurées par une bonne organisation intérieure ; que les différences du plus ou moins de bénéfice varient seulement en raison du degré d'intelligence et d'aptitude du personnel, l'Etat n'aurait aucun risque à courir en se faisant lui-même le banquier de toute l'industrie ; et il pourrait le faire sans frais en utilisant à cet effet ses percepteurs, ses receveurs particuliers et ses receveurs généraux. On pourrait, par ce moyen, organiser un vaste système financier, et avoir dans chaque chef-lieu de canton un comptoir d'escompte national qui rendrait d'immenses services à l'industrie et à l'agriculture. Restera pour nous à démontrer comment nous parviendrons à annihiler les chances de perte ; c'est ce que nous ferons bientôt.

Nous voyons, d'après ce qui précède, que des trois éléments qui concourent à l'établissement du prix de revient des produits, savoir : les avantages faits au capital mort, au capital actif, et au travail, la justice et une saine économie industrielle commandent de faire supporter certaines réductions aux deux premiers, et d'améliorer ainsi la condition faite au troisième. Mais cette amélioration de l'existence du travailleur, nous allons surtout la trouver dans une organisation plus parfaite du régime intérieur de nos usines et de nos ateliers.

Il est une vérité qu'aucun homme compétent de bonne foi ne contestera, c'est la possibilité de retirer du concours loyal, sincère et éclairé de tous les travailleurs, chacun dans leur spécialité, une somme considérable de bons services, aujourd'hui négligés ou perdus. Recherchez les progrès les plus importants des arts, les découvertes les plus remarquables, on les doit à de simples ouvriers ! On conçoit en effet que ces hommes modestes, dont toutes les facultés sont sans cesse tournées vers un même but, puissent bien mieux l'approfondir que les chefs d'usine dont l'attention est trop divisée.

Faire concourir toutes les aptitudes diverses, toutes les volontés éparses, vers le progrès et la perfection de l'art, en leur donnant pour lien commun l'intérêt général et pour stimulant le contrôle réciproque et l'intérêt privé, serait certainement une amélioration incontestable.

Ce résultat serait obtenu en intéressant tous les membres de l'association au succès final de l'opération ; en d'autres termes, en leur assurant une part des bénéfices.

Mais nous avons vu que la détermination de ces bénéfices était fort vague et pouvait même être interprétée en sens inverse de la vérité. Ceci a été en quelque sorte pressenti d'instinct par les travailleurs ; aussi ne devons-nous point nous étonner de voir les ouvriers témoigner une certaine répulsion à ce qu'une partie de leur salaire soit variable en raison des bénéfices : ils ont généralement peu de confiance dans le mode suivi pour calculer les résultats de l'opération, et moins encore dans l'intelligence qui préside le plus souvent à l'ensemble du travail, lorsqu'ils se voient mis complétement à l'écart, et considérés seulement à l'égal d'une machine vivante.

Mais certainement il en serait tout autrement si l'ouvrier avait simplement voix consultative, et à plus forte raison voix délibérative dans l'association à laquelle il apporte son travail et son application de tous les instants.

Les principes généraux étant posés, nous avons à construire d'après ces bases notre nouvel édifice de l'association industrielle, sur lequel nous devons inscrire pour devise : *Justice et Liberté*.

A l'imitation de la division établie par nos lois pour les sociétés industrielles et commerciales, séparons les associations de travail en deux grandes catégories : celles d'une durée indéterminée, reposant sur un travail régulier ; telles sont les mines, les usines métallurgiques, les chemins de fer en service, les filatures, les manufactures, etc.; et d'autre part celles d'une durée limitée, prévue d'avance, ou tout à fait accidentelle ; dans cette dernière catégorie nous pouvons comprendre l'exécution d'un chemin, le creusement d'un canal, la construction d'un pont, d'un édifice, etc.

Il est évident que ces deux genres d'opérations, procédant par des voies différentes, nécessitent un régime intérieur approprié à leur but. Occupons-nous d'abord de la première division.

Nous ne pouvons admettre que l'État veuille se faire lui-même le producteur général de tous les objets de consommation : en entrant dans cette voie, il n'y a pas de raison pour s'arrêter à une station plus ou moins rapprochée, et on arriverait droit au communisme, à la barbarie, à la plus exécrable des tyrannies. Ce serait faire trop d'honneur à un tel système que de le discuter.

En partant de ce qui existe dans notre état social, sans renverser tout ce qui est debout, nous pouvons considérer chaque établissement comme un petit État fractionnaire de la grande unité française, indépendant par lui-même, mais cependant soumis aux lois de la confédération générale. Ces divisions par familles industrielles sont indispensables, en raison des conditions de production qui varient d'un lieu à un autre, des différences de valeur de la vie alimentaire qui entraînent le plus souvent le prix relatif de la main-d'œuvre, etc.

Il serait formé dans chaque établissement considéré comme un petit État confédéré, un Conseil de direction composé du directeur, président, du sous-directeur, vice-président, s'il y en a un ; de tous les chefs de service actif représentant la partie du travail intellectuel ; des principaux employés de la comptabilité, défenseurs naturels des capitaux ; et enfin d'un ou deux ouvriers-maîtres de chaque spécialité, représentant le travail matériel, sans que le nombre de ceux-ci puisse excéder le tiers du Conseil.

Tous les titres de capacité des divers membres composant le Conseil de direction auront dû être constatés d'une manière très-authentique, non point par un simple examen oral de quelques heures, portant sur une spécialité fort restreinte, ce qui ne prouve rien, mais établis sérieusement par des faits.

Les ouvriers-maîtres faisant partie du Conseil de direction seront élus par leurs pairs et devront avoir un an de séjour dans l'établissement.

Nul ne pourra être ouvrier-maître s'il n'a fourni des preuves de moralité et de capacité, conformément à un règlement institué à cet effet.

Le Conseil de direction aura à établir les conditions générales de l'association, le mode de répartition des bénéfices, la fixation du minimum de la journée, les prix des divers travaux spéciaux à tâche ou à l'entreprise, etc. Les décisions devront être prises à la majorité des trois quarts des voix présentes. En cas de dissidences graves, les contestations seront jugées en premier ressort par une commission technique départementale, et en dernier ressort par la Commission centrale de Paris.

Le Conseil de direction se réunira une fois par mois pour entendre le rapport de tous les chefs de service, et recueillir les observations de tous les membres. Il sera soumis à la reconstitution tous les cinq ans.

Avec une telle organisation, dont nous ne pouvons indiquer ici sommairement que les points principaux, tous les intérêts sont représentés, et l'équilibre est maintenu entre le capital et le travail. De ce concours actif de tous les membres les plus capables de l'association, on pourra retirer des lumières précieuses qui sont aujourd'hui enfouies sous l'antagonisme des intérêts. Il est évident que le progrès le plus actif serait une conséquence forcée de cette organisation nouvelle.

Alors, comme déduction naturelle et obligatoire de la part active de tous les membres de l'association à la chose commune, nul obstacle ne se présentera plus à ce que les salaires suivent une progression ascendante ou descendante, en raison du résultat de l'opération ; car la distinction du bénéfice à la perte sera un non-sens, et la rétribution de tous les membres variera seulement d'après le degré de leur aptitude.

Ainsi, sur l'excédant des allocations *minima* attribuées par prévision et d'un commun accord au capital mort, au capital actif, au travail intellectuel et au travail matériel, il sera formé un prélèvement capitalisé dans l'opération elle-même, et destiné à venir en aide à tous les membres actifs et passifs de l'association dans les instants de crise, à payer une demi-solde aux travailleurs malades, à pourvoir à tous les frais de maladie, à instituer un fonds de retraite pour les invalides et les travailleurs hors d'âge, à faire élever gratuitement tous les enfants des membres de l'association, etc.

Le capital provenant du prélèvement dont nous venons de parler serait employé dans l'opération commune, de manière à venir en déduction du fonds de roulement ou à l'augmenter : il arriverait par ce moyen qu'assez souvent la totalité du capital actif deviendrait la propriété des membres de l'association, qui, veillant eux-mêmes à sa conservation, pourraient offrir à la patrie, notre mère commune, la plus grande somme de garantie d'une excellente administration. L'antagonisme d'intérêt du capital actif et du travail serait supprimé, et l'usure que le premier exerce aujourd'hui sur le second disparaîtrait forcément.

Le prélèvement opéré sur tous les membres de l'association pour former un fonds commun, exigerait nécessairement pour chacun d'eux des garanties de stabilité dans leur position. On ne saurait donc admettre, comme aujourd'hui, qu'un travailleur peut être arbitrairement renvoyé d'un établissement par le seul fait de la volonté d'un chef, pas plus qu'on ne pourrait supprimer complétement les pénalités. Nous devons prendre l'espèce humaine telle qu'elle est, avec ses qualités, ses passions et ses vices. Il serait donc indispensable de rédiger un petit Code de l'atelier ; et comme la justice devrait être prompte et économique, pour tous les faits de discipline intérieure, le chef de service prononcerait la suspension, et le Conseil d'administration jugerait en dernier ressort. Dans un petit nombre de cas, tels que l'expulsion avec perte des retenues pour les ouvriers-maîtres ayant plus d'un an de séjour, la Commission départementale jugerait en dernier appel.

Une seule objection de quelque importance pourrait peut-être être faite au système de l'association de tous les membres d'une même entreprise, avec retenue sur l'excédant des salaires *minima*. S'il est bon d'éviter les changements trop brusques et trop faciles, dont les ouvriers abusent souvent pour passer d'un établissement dans un autre, sans motif sérieux, ce qui désorganise les ateliers et nuit à l'économie de production, on ne peut cependant exiger qu'un membre de l'association soit à tout jamais rivé à elle, sans possibilité de s'en séparer. Si la liberté absolue de mutation, par la difficulté surtout de régler à chaque instant et d'une manière définitive les parts d'intérêt de chaque membre sortant, doit recevoir quelques restrictions, nous devons également rechercher les moyens pratiques de laisser à tous les membres de l'agrégation industrielle la plus grande somme possible d'indépendance, sans nuire à l'association elle-même.

D'après ces principes, on pourrait admettre que les membres n'auraient droit à leur part proportionnelle de la retenue qu'autant qu'ils auraient plus d'un an de séjour dans l'association. Les jeunes ouvriers, voulant faire ce qu'ils appellent leur tour de France, seraient parfaitement libres ; mais ils renonceraient alors à toute participation au prélèvement : ce serait en quelque sorte un impôt frappé sur les travailleurs nomades au profit des travailleurs sédentaires, ce qui serait justice.

Quant aux ouvriers-maîtres ayant droit ,

par un séjour de plus d'un an, à leur part de la retenue des bénéfices, et voulant se retirer de l'association, le règlement de leurs intérêts aurait lieu en adoptant pour base le précédent inventaire, proportionnellement au temps, et sous déduction de 10 p. 100 au profit de l'association, comme prime d'assurance contre la réduction de bénéfices par diverses causes accidentelles. Le règlement se ferait en coupons de rentes sur la Caisse centrale de l'industrie dont nous parlerons bientôt. Ces coupons seraient négociables et divisés en sommes très-faibles. Il s'établirait ainsi une espèce de compte courant entre les diverses caisses particulières et la Caisse centrale dont les émissions de rentes seraient la monnaie de règlement de toute l'industrie. Les conditions de l'association étant réglées suivant un principe unitaire émanant de la Commission centrale de l'industrie, les valeurs fournies par les diverses industries particulières auraient une représentation sensiblement égale. On réaliserait, d'après cette organisation, le grand principe de l'assurance mutuelle.

Telles seraient les bases générales sur lesquelles pourrait reposer l'organisation des associations à durée indéterminée, formant notre première catégorie.

Pour les opérations à durée limitée et prévue d'avance de notre deuxième catégorie, la plus grande partie de ce qui précède leur sera également applicable. Il sera aussi formé un Conseil de direction qui aura les mêmes attributions, etc. Mais pour le règlement des parts de la retenue bénéficiaire, on devra procéder d'après un autre principe.

Ici, nous ne pouvons nous appuyer sur les inventaires précédents pour les attributions de l'intérêt variable aux membres sortants pendant le cours d'exécution de l'opération, puisque nous admettons que le résultat définitif ne peut être connu qu'à la liquidation complète ; et, cependant, nous tenons à engager une solidarité entre tous les membres de cette association, et à relier leur intérêt particulier à l'intérêt commun.

Ce but pourrait être atteint en inscrivant sur le livret des membres sortants une annotation analogue à celle des états de service d'un militaire. A la liquidation définitive de l'opération, les administrateurs auraient à verser à la Caisse centrale de l'industrie le montant des parts revenant aux membres absents, et le règlement s'en ferait, comme à tous, en rentes de cette Caisse, sur la présentation des états de services.

Ainsi se trouverait résolue cette double difficulté qui, au premier abord, semblait insurmontable.

La Caisse centrale de l'industrie recevrait donc les versements de toutes les branches industrielles, de toutes les associations du travail, et donnerait en échange des rentes négociables : elle servirait d'intermédiaire pour les règlements entre l'individu et l'association, afin d'éviter la désorganisation de celle-ci par la retraite de l'autre. Ses opérations pourraient également se faire sans frais par les agents du Trésor chargés de la perception de l'impôt. Les rentes qu'elle servirait seraient calculées de manière à laisser un excédant destiné à desservir une retraite aux vétérans de l'industrie. Le règlement de la retraite aurait pour base les états de service, indiquant la participation de chacun aux divers versements à la Caisse centrale de l'industrie.

Les capitaux de la Caisse centrale pourraient être employés, en partie, en constructions de nouvelles usines, suivant les procédés les plus perfectionnés, en chemins de fer, etc. La valeur des usines, des chemins, garantirait le capital, qui ne serait jamais exigible.

Les Commissions départementales et centrale de l'industrie devraient être composées d'hommes spéciaux ayant fait leurs preuves en pratique : ce seraient des juges consulaires réglant les difficultés sans frais, en amiables compositeurs.

Une telle organisation, dont nous n'avons pu esquisser rapidement que les traits généraux, offrirait toutes les garanties désirables au capital, au travail et au talent. Le capital y trouverait une sécurité plus réelle ; le travail, une juste participation aux avantages qu'il procure, et la dignité qui lui est due par sa coopération à l'œuvre commune ; le talent, une plus rationnelle appréciation de sa valeur. Ainsi se trouverait réalisée, dans la pratique, notre devise fondamentale : *Justice et Liberté*.

Le capital considérera peut-être comme une atteinte au droit de propriété, la fixation en commun de la valeur des apports industriels dont on a si souvent abusé. Cette objection serait sans fondement. Régler d'un commun accord les conditions de l'association du capital et du travail, en substituant la justice à l'arbitraire que le capital avait exercé jusqu'ici sans contrôle, n'est point une atteinte à la propriété ; c'est tout simplement rentrer dans le droit commun et l'équité. Et si avec cette organisation, présentant toutes les garanties possibles de succès, un établissement se trouvait dans des conditions tellement vicieuses de production, qu'on ne pût lui assigner qu'une valeur insignifiante, n'aurait-on pas le droit de descendre jusqu'à cette limite, et même, en poussant un peu plus loin notre supposition, ce serait un devoir de l'abandonner.

Les Commissions départementales de l'industrie relevant toutes de la Commission centrale de Paris, pourraient être très-utilement employées à régler la production de chaque industrie en raison de la consommation, et éviter cette guerre à outrance que se fait aujourd'hui l'industrie, souvent sans s'en douter, car elle agit en aveugle.

Mais cette intervention des Commissions industrielles ne devrait s'exercer qu'avec la plus grande prudence : ce seraient plutôt des avis ou des avertissements qu'elles auraient à émettre que des prescriptions à imposer. L'industrie vit de liberté : il faut tout faire pour l'éclairer, et la laisser ensuite agir à ses risques et périls. Si la concurrence irréfléchie est une plaie déplorable qu'il faut chercher à guérir, l'émulation qui naît de l'intérêt est un stimulant indispensable à l'espèce humaine pour tendre au progrès. Depuis quatre ou cinq mille ans, époque la plus reculée des temps historiques, nous ne voyons pas que les passions bonnes et mauvaises de l'humanité soient sensiblement modifiées. L'intérêt particulier a toujours été malheureusement le plus puissant mobile. Le relier le plus intimement possible à l'intérêt général, de manière à les rendre solidaires et inséparables, serait ce qu'on peut faire de mieux. Ce que nous voyons tous les jours n'est pas fait pour nous convaincre, à cet endroit, d'une grande amélioration dans l'esprit humain. Ce fractionnement infini de corporations, représentant des intérêts divers, paraissent, en effet, s'occuper beaucoup plus de ce qui leur est personnel que de la chose commune. Laisser pour unique mobile la satisfaction de conscience d'avoir fait son devoir n'est pas suffisant au temps où nous vivons. Ces magnifiques sentiments sont sans doute le plus puissant stimulant de quelques âmes d'élite, mais elles sont encore en trop faible minorité.

Conservons donc la hiérarchie des intelligences et la rétribution suivant les services rendus. Seulement rendons toutes les positions accessibles à tous les talents, de quelque part qu'ils viennent, et de quelque manière qu'ils se soient produits, en faisant que l'instruction soit gratuite, et en remplaçant les procédés actuels d'exclusion et de coterie par une organisation plus large, plus démocratique, en rapport avec nos institutions nouvelles et nos mœurs républicaines, qui appelleraient sans réserve toutes les intelligences à concourir à la chose publique. Que cette espèce de concours général soit constamment ouvert pour entretenir l'émulation. En un mot, au lieu de faire de l'égalité en descendant, faisons de l'égalité en montant.

Sans doute, dans ces derniers temps, le système corrupteur qui pesait sur la France avait besoin, comme moyen d'influence, de surexciter tous les intérêts matériels des hauts barons de l'industrie. La production a reçu, dans des conditions fâcheuses, un élan outré qui n'était nullement en rapport avec la consommation, en l'absence d'une organisation rationnelle de l'industrie. Tout le monde a aujourd'hui à souffrir de cet état de choses, et le travailleur plus que personne.

Mais le remède à un mal aussi profond ne peut arriver que lentement. Ramenons aux champs nos campagnards égarés par le faux semblant de bien-être des villes, en améliorant sans retard la condition du cultivateur, beaucoup plus misérable qu'on ne saurait le croire.

Heureusement, chez nous, l'agriculture peut recevoir sans limite restrictive le trop-plein de l'industrie manufacturière. Ici, du moins, on n'a pas à craindre l'excès de production, qui n'a d'autre effet que d'assurer l'aisance générale. Aussi, dans ce sens, le champ le plus vaste nous est ouvert. Ne perdons pas de vue ce seul fait d'une immense importance, que dans les meilleures conditions de culture, un grain de blé peut produire jusqu'à deux mille pour un, tandis qu'on obtient à peine en moyenne sept ou huit pour un ! C'est le royaume des géants qui s'offre à la vue des Lilliputiens.

En présence des résistances iniques d'un côté, des prétentions souvent exagérées de l'autre, ne craignons pas de faire entendre la vérité à tout le monde ; et, sous ce rapport, les ingénieurs placés dans l'industrie, servant, en quelque sorte d'intermédiaires entre le capital et le travail, sont les plus désintéressés dans ces questions agitées avec tant de passions : ce sont eux qui peuvent fournir les documents les plus vrais, et le mieux éclairer les difficultés.

Disons donc aux ouvriers :

L'industrie est le champ de bataille du travail : tous les peuples prennent part à la mêlée. Craindrions-nous d'entrer en lice avec eux ? Montrons-nous aussi actifs, aussi patients, aussi disciplinés dans nos labeurs que vous vous êtes montrés braves dans le combat ! Or, que penseriez-vous d'un soldat qui déserterait la bataille au plus fort de l'action, parce qu'elle dure trop longtemps, ou qu'il n'a pas reçu une ration suffisante ? Celui-là aurait mérité tout votre mépris ! Non, nous soutiendrons la lutte jusqu'à la dernière extrémité, et nous ferons voir au monde que si nous avons porté haut la gloire de nos armes, nous savons aussi nous illustrer par le génie de nos créations.

Si quelques-unes de ces idées, messieurs, trouvaient droit de cité parmi vous, je serais heureux d'avoir apporté un grain de sable au vaste édifice que vous élevez sur les ruines du privilége : ce serait la plus douce récompense que puisse ambitionner un ami sincère de son pays.

Veuillez agréer, messieurs, l'hommage respectueux de mon profond dévouement.

ARISTIDE BÉRARD.

FIN